ADRESSE

A L'ASSEMBLÉE

NATIONALE;

A L'EFFET d'en obtenir la formation d'un
COMITÉ dans son sein, pour appliquer,
d'une manière spéciale, à la protection &
à la conservation de la Classe non-Pro-
priétaire, les grands Principes de Justice,
décrétés dans la Déclaration des Droits
de l'Homme, & dans la Constitution.

Imprimée en exécution d'un Arrêté de l'Assemblée des
Représentans de la Commune de Paris.

Suscitans de terrâ Inopem, & de stercore erigens
Pauperem;
   Ut collocet eum cum principibus, cum principibus
Populi sui.

Ps. CXII. v. 7 & 8.

AVERTISSEMENT.

Certainement il n'est point de Citoyen qui ne porte la Cause des Pauvres dans son cœur ; cependant, à voir ce qu'il en coûte d'incertitudes, d'anxiétés & de peines pour fixer l'attention sur elle, on ne peut plus douter que cette antique & vénérable maxime, *Salus Polui suprema Lex esto*, n'est, même de nos jours, guères moins étrangère à la pratique de la Législation, qu'elle a toujours été familière à la Politique spéculative de tous les Peuples.

C'est ce que vingt ans de poursuite, &, en dernier lieu, deux ajournemens imprévus à l'Assemblée Nationale, m'imposent la dure nécessité d'affirmer ici, avec le sentiment vif & profond que mon attachement inviolable pour d'aussi grands intérêts, ont si naturellement du imprimer dans mon cœur.

Il n'est point de Cahier où les Pauvres n'ayent été compris pour quelque chose. *Aucun* cependant, comme le remarquoit très-bien M. du Fourny de Villiers, en Avril dernier, *n'a présenté le Mandat, distincte-*

ment énoncé, de donner, pour bâse inamovible du bonheur général, des *Loix conformes au but de la Société*; LA PROTECTION ET LA CONSERVATION DES FOIBLES DE LA DER-NIÈRE CLASSE : seule remarque de ce genre qui ait jamais été faite. Tel avoit néanmoins été l'objet des insinuations de mon *Précis de Vues générales en faveur de ceux qui n'ont rien*, envoyé dans tout le Royaume, avant la rédaction des Cahiers.

Mon attente a été déçue ; de-là ma *Stipulation légale* à l'Assemblée générale de S.-Etienne-du-Mont, le 17 Avril dernier, puis le *Cahier des Pauvres*, & la *Supplique au Roi & aux Etats-Généraux* ; de-là enfin, mon assiduité à la suite & jusques dans le sein de l'Assemblée Nationale, où d'aussi touchants intérêts ne me permettoient pas de me regarder comme intrus, ainsi que je l'ai déclaré dans ma quatriéme Brochure, sous le titre d'*Adresse à l'Assemblée Nationale pour sauver le droit du Pauvre*.

Vains efforts! Il ne me restoit nul espoir qu'autant que, me conformant aux insinuations de plusieurs Membres de cette auguste Assemblée, je pourrois faire émettre mon vœu dans le sanctuaire de la Patrie par la Commune de Paris.

Cette émission a eu lieu. Aurois-je dû m'attendre que le succès pourroit en dépendre du Rapport que le Comité d'Agriculture seroit chargé d'en faire ? C'est pourtant sur cet exposé que le dernier ajournement a été prononcé le 16 du courant.

Sans doute que l'Agriculture est la nourricière des hommes ; mais aussi il faut qu'elle soit pour eux, & non pas eux pour elle. Les hommes, ils n'ont que trop long-tems été victimes d'aussi cruelles méprises ! Ce n'est pas en s'exposant à continuer de sacrifier la fin aux moyens, qu'on pourroit espérer de régénérer la France.

Sur quoi je supplie chacun des Représentans de la Nation d'avoir la bonté d'observer, qu'il a été décrété que le soin des Pauvres sera graduellement attribué aux Corps Administratifs. Ici s'élèvent deux Questions.

Chacun de ces Corps n'aura-t-il, à l'égard des Pauvres, que les régles qu'il aura jugé à propos de se faire ? En d'autres termes, est-ce l'arbitraire qui réglera les Pauvres d'une extrémité du Royaume à l'autre ?

Ou bien une salutaire uniformité de vues & de principes fixera-t-elle, à cet égard, les incertitudes, & préviendra-t-elle efficacé- ment, autant du moins que les choses hu- maines le comportent, les incertitudes & des méprises d'autant plus cruelles qu'elles seroient plus multipliées, moins apperçues, &, par conséquent, impossibles à réparer ?

Dans le premier cas, le Comité dont je fais ici la demande formelle, ne seroit bon à rien.

Mais, dans l'autre hypothèse, je supplie les Représentans de la Nation d'écouter au fond de leur cœur le cri que l'Humanité & l'opportunité des circonstances y feront certainement entendre ; & alors ils ne dou- teront sûrement pas qu'un Comité, aidé des Citoyens vertueux que je cite dans cette Adresse, qui se feront, à cet égard, un de- voir sacré de porter sur l'autel de la Patrie le tribut de leurs connoissances pratiques, ne doive être très-utile dans le sein de l'As- semblée, pour préparer, dans ce genre, un travail digne de lui être soumis.

Je suis le Représentant d'un grand Peuple, disoit, un jour, M. Rabaud de S.-Etienne ; *ma Sénéchauffée eft compofée de cinquante mille Habitans.* Sans doute que les Députés à l'Affemblée Nationale font les Repréfentans de tous les Individus de la Nation. Ici je les fupplie poutant qu'ils daignent remarquer ce qu'il peut y avoir de différence entre le fait & le droit.

Car il y a auffi environ cinquante mille Enfans-Trouvés dans le Royaume ; ils font hommes ; il faut qu'ils puiffent devenir Citoyens ; je fupplie qu'on daigne remarquer quel des Repréfentans de la Nation fe trouvent chargé de leurs Mandats.

Or il y a quatre Articles pour eux, VI, VII, VIII & IX, dans mon *Cahier des Pauvres*, & la feule ftipulation de ce genre qui ait jamais eû lieu dans le Royaume, c'eft celle que j'ai en même temps faite pour tous les Pauvres. Euffent-ils tous été affemblés, on ne pourroit pas leur fuppofer affez d'inftruction pour avoir émis leurs vœux, ni, par conféquent, qu'ils puiffent être tentés de défavouer ceux que (faute de mieux) le cri impérieux de ma conscience m'a forcé d'émettre pour eux. Voilà des faits également certains & irrécufables.

Et cependant, en dernière analyse, la rigueur du Droit ne m'a plus permis d'émettre d'autre vœu que celui que la Commune de Paris a daigné appuyer de fon fuffrage auprès de l'Affemblée Nationale, avec toute la pureté d'un patriotifme bien digne d'elle.

Mais auffi examiner, difcuter les intérêts des Pauvres, fous leurs diverfes faces, préparer, avec circonfpection & maturité, les Réglements généraux & particls dont il aura à s'occuper, offrent un travail fi important; le fort de tant de milliers d'Individus, la sûreté publique s'y trouvent fi particulièrement intéreffés que la Religion, la Patrie; l'Humanité ne permettent plus de différer la formation de ce Comité; d'autant moins que les termes même du Décret auquel la France en aura été redevable, peuvent, en écartant toutes les efpérances prématurées, contribuer, au contraire, beaucoup à ramener avec autant d'efficacité que d'accélération, le calme & la fécurité publique.

ADRESSE

A L'ASSEMBLÉE NATIONALE.

MESSIEURS;

DANS aucun tems, & chez aucun Peuple, les dernières claffes n'ont encore été prifes en confidération par aucun Corps Légiflatif; comme fi les individus dont elles font compofées, euffent éternellement été vouées à n'être jamais que des inftrumens purement paffifs; toujours la Société a pefé fur eux, au lieu de les protéger; mais auffi, dans tous les tems, & chez tous les Peuples, on a toujours recueilli, & nous ne recueillons nous-mêmes que trop les fruits amers d'une violation auffi manifefte des faintes Loix de la Nature.

Non-feulement on les a laiffés s'avilir, mais on les a avilies, & on leur a enfuite fait un crime d'être avilies.

Auffi les Repréfentans de la Commune de Paris, tout en annonçant que la Conftitution que vous nous préparez dans votre fageffe, MM., doit faire ceffer la mendicité, vient-elle de reconnoître, avec autant de jufteffe que d'énergie, que LES MANDIANS SONT LA

PREUVE ET LA PUNITION D'UN MAUVAIS GOUVERNEMENT.

Fortement pénétré du spectacle déchirant que nous offre, à cet égard, l'Histoire & notre propre expérience, j'ai senti long-tems, avant qu'il y eût le moindre esprit public, que l'insouciance sur ce grand & sérieux objet, préparoit à la France une crise terrible, & mes pressentimens à cet égard, consignés dans les *Mémoires de Châlons, sur la suppression de la mendicité, 2eme édition, page 321*, ne sont à présent que trop bien justifiés.

Pleinement convaincu qu'il ne peut y avoir de sûreté ni pour l'Etat, ni pour les Particuliers dans un malheureux ordre de choses, qui n'est à proprement parler qu'une grande pépinière de pauvres & de mendians, dont on n'a jamais sçu que fomenter la férocité, en les entassant inhumainement les uns sur les autres dans les écoles de scéleratesse, que notre Age a vu s'élever sous le nom de *Dépôts*; je n'ai jamais voulu en être, en quoi que ce soit, l'instigateur, le complice ou l'instrument. C'est à la source même des maux publics, que j'ai puisé les moyens d'y remédier; point de tentations, point de démarches possibles que je n'aye faites dans cette vue; les preuves succinctes en sont, dans l'*Adresse* imprimée, que je joins ici, & que je suis prêt à distribuer à chacun de vous MM. 1

lorfque vous aurez daigné me ménager l'occa-
fion de vous faire cette dernière diftribution
plus utilement que ne l'a été celle du *Cahier
des Pauvres*, & de la *Supplique au Roi*, &
aux *Etats Généraux*, qui vous a été faite de
ma part à Verfailles, & qui eft à préfent ou-
bliée depuis plufieurs mois ; ce qui, réuni à
l'inutilité de mes précédens efforts , m'a convaincu que ce n'eft plus qu'autant que vous
donnerez une attention férieufe & fuivie à ces
intéreffans objets par la formation d'un Comité à cet effet , que je puis encore conferver
l'efpoir confolant , qui feul a été capable de
me foutenir dans la douloureufe & pénible car-
rière que je fournis. C'eft au nom de la Religion , de l'Humanité & de la Patrie , que j'ofe
en faire ici la demande formelle en faveur des
dernières claffes du Peuple;

Pour que les divers intérêts des ouvriers de
tous les genres puiffent y être examinés, fcru-
tés & approfondis fous leurs différentes faces;

Pour qu'on puiffe avifer aux divers moyens
d'encourager les travaux utiles, auxquels il eft
devenu fi intéreffant de faire reprendre , fans
violence , & fans fecouffe, une prépondérance
fortement prononcée fur tous les Arts de luxe ;

Pour fixer aux travaux des champs ceux qui
ne les ont pas encore quittés, & y rappeller
ceux des artifans des Villes , qui auront con-

fervés affez de vigueur & de principes pour pouvoir les reprendre ;

Pour prévenir , par tous les moyens, que
l'humanité & la faine politique ne réprouve-
ront pas, d'ultérieures émigrations des habitans
des Campagnes dans les Villes ; &, par conféquent, le dernier dégré d'engorgement des
Villes , des prifons, des hôpitaux , & des Dépôts de Mendicité ;

Pour faire régner , dans tous les Etabliffe-
mens de Charité , cette union de vues & de
principes fi néceffaires pour empêcher , autant
que les chofes humaines les comportent , les
pernicieux effets de l'arbitraire , qui font la
fuite la plus ordinaire de leur ifolement ;

Objets vaftes & profonds, dont aucun homme
ne peut embraffer feul les détails & l'enfemble,
& qui réclament, même de la part du Comité
dont je demande la formation, une attention
très-férieufe, une difcuffion éclairée, avec toute
la maturité, & le refpect qui font dus à la dignité de la Nature Humaine , & au maintien de
l'ordre Social : après tout, plufieurs fiécles d'in-
fouciance à cet égard, ne peuvent pas fe réparer au premier afpect , d'où il eft aifé de
conclure que ce ne fera que par fa patience
à endurer les calamités inévitables du moment,
par fon amour pour l'ordre, que le peuple pourra
voir fortir, dans quelques mois de plus ou de

moins, de ce Comité, les saintes dispositions qui deviendront à jamais sa sûreté, & celle de ses enfans ; au lieu que sans cette vertueuse & passagère résignation (dont on n'aura rien tant à cœur que d'abréger le terme), ils n'auroient plus de raisonnable espoir de prolonger, ni leur propre existence, ni celle des petits innocens qui leur doivent le jour ; objets qui ont le plus grand besoin du concours des lumières de tous les bons Citoyens, tel que je l'ai invoqué à pure perte, par la publication de mon *Précis de vues générales, en faveur de ceux qui n'ont rien*, envoyé dans tout le Royaume, tant par le Gouvernement, que par moi, avant la rédaction des Cahiers.

Vous trouverez, sous ces divers rapports, MM., dans les connoissances pratiques de M. Thouret, Inspecteur-général des Hôpitaux civils ; dans M. de Moutlinot, Inspecteur du Dépôt de Soissons, dont les titres sont exposés dans cette *Adresse* imprimée, de véritables ressources,

A plus forte raison dans le Chef respectable du Département de la Mendicité, & des Hôpitaux.

Et vous rendrez ces ressources aussi complétes qu'elles puissent à présent l'être, en joignant à ces excellens Citoyens,

M. de Jussieux, Lieutenant de Maire au Departement des Hôpitaux de Paris, que sa sainte avidité pour des connoissances qui lui avoient jusqu'alors été étrangères, rend si digne du précieux dépôt que la Patrie lui a remis entre les mains, & lui en a déjà fait recueillir plus de fruit que les circonstances ne paroissoient le comporter.

M. Tillet, Administrateur de l'Hôpital général de Paris, l'ami des Pauvres, qui lui sont redevables, aussi bien que toute la France, d'avoir du meilleur pain à moindre prix ;

M. Bechet, Directeur de l'Hôpital Royal des Quinze-Vingts, que la sagesse, la fermeté, la vigueur de son administration vraiment économique, le modeste & intéressant *Mémoire* qu'il vient de donner sur le Commerce, la touchante adresse avec laquelle il a sçu y comprendre le Pauvre, rendent véritablement recommandable ;

Enfin M. Boncerf, si célébre par ses connoissances féodales, par le génie avec lequel il a sçu développer les causes de la submersion des terres, l'art si diversifié de leur desséchement, pour le double avantage de la salubrité de l'air & de la prospérité nationale, enfin le bon emploi des terres vagues, & jusqu'alors réputées stériles, au plus haut dégré de perfection qu'ils puissent atteindre ;

M. Boncerf qui, dans sa Brochure *sur la nécessité & les moyens d'occuper tous les gros*

Ouvriers, que vous venez de faire réimprimer, présente, en effet, des moyens vastes, féconds & inépuisables de richesses & de prospérité pour l'Etat & pour les Particuliers.

Dans votre *Adresse à vos Commettans*, MM. ; vous avez parlé des Habitans des campagnes avec attendrissement ; vous dites avoir *porté la joie & l'espérance dans leur cœur* ; vous les appellez les Créanciers de la Terre et de la Nature, & vous-vous y montrez fortement indignés de ce qu'ils ont *été si long-temps flétris & déshonorés*.

M. Boncerf vous dira : que les premiers créanciers de la Nation sont les bras qui demandent de l'ouvrage, et la terre qui attend des bras ; c'est par-là que ses vues tiennent aux nôtres, & que le salut public est essentiellement lié à l'exécution & au succès des unes & des autres.

De votre part, & de celle de M. Boncerf, MM. ce font là de ces vérités éternelles qui marquent, & à l'évidence desquelles il n'est plus possible de se refuser, quand elles font une fois produites ; il en est de même des conséquences décisives & tranchantes qui en découlent, & que je crois avoir rendu sensibles.

D'après une reconnoissance si précise, & si formelle de votre part, MM. d'après la conviction intime qui résulte du rapprochement qu'il eſt ſi aiſé de faire de ce qui eſt avec ce qui devroit être, un auſſi étrange contraſte entre leurs droits inpreſcriptibles & ſacrés, & l'oppreſſion réelle ſous laquelle ils n'ont que trop long-temps gémi; après avoir conſervé dans votre décret, ſur les biens de l'Egliſe le patrimoine des Pauvres dans toute ſon intégrité; il n'eſt donc plus à craindre qu'ils puiſſent encore en être dépouillés.

M. Boncerf vous dira qu'un abus en engendre mille, & qu'une bonne opération entraîne mille heureuſes conſéquences..... la proſpérité, le bonheur, l'abondance (continuera-t-il) ſe tiennent par des liens indiſſolubles. C'eſt dans les champs que ſe développent leurs ſaintes ſemences, que s'aſſied la Liberté, & que germent les victoires; ainſi portons-y nos ſoins, nos avances. C'eſt-là que doit s'élever le vaſte monument de la puiſſance de la Nation, & non pas avec des matières ſtériles, & inanimées dans les Villes où l'on n'a déjà que trop prodigué l'or & le ſang des Peuples, pour élever d'inſipides monumens.

Le beau feu qui échauffe ce vertueux Citoyen paſſera dans vos cœurs, MM.; & l'Agriculture, honorée par la ſageſſe & l'énergie des encouragemens que vous aurez votés pour elle, nous aſſûrera les inſignes avantages que ſon ſaint enthouſiaſme pour la régénération de
l'Etat,

l'Etat, lui a fait exprimer avec tant de no-
blesse.

Je puis peu par moi-même, MM., pour
cette cause attendrissante; mais l'heureux assem-
blage de Citoyens amis du bien, que je me
fais un devoir de vous indiquer ici, & que
leur patriotisme engagera à vous porter le
tribut de leurs connoissances pratiques, en
raison de ce que vous daignerez les encourager
à le faire avec l'honnête assûrance qui con-
vient à la dignité d'une aussi belle cause,
suppléra sans peine à mon insuffisance pour
d'aussi vastes objets, & vous laissera peu à
désirer, du moins en attendant que vos travaux
sur cette importante matière, ayent excité
dans toute la Nation, la sainte émulation que
la Patrie & l'Humanité réclament pour elle.

Les hommes en faveur desquels j'ai l'honneur de vous prier de former un Comité,
composent à-peu-près les $\frac{9}{10}$ de la Nation ;
l'habitude du travail, l'inquiétude du besoin,
le défaut d'instruction ne leur laissent guères,
(du moins quant-à-présent) de facultés pour
remplir les fonctions très-compliquées de Citoyens actifs ; cependant ils ne sont plus serfs ;
mais qu'y ont-ils gagné ? S'ils ne sont plus at-
tachés à la glébe ; s'ils ne sont plus meubles
d'un Maître, qui, quel qu'il fût, avoit du
moins intérêt à leur conservation, en un mot,

s'ils font libres , & par conséquent Citoyens ; de quel avantage ce beau titre , cette apparente Liberté font-ils pour eux ?

Qu'est-ce que la Liberté , pour des hommes qui n'auroient point d'assûrance de subsister par le travail ; dont les forces physiques continueroient de se consumer , sans avoir aucune certitude de participer à ces secours que la prudence , l'humanité , la justice de nos pères a voulu assûrer à jamais , par une substitution inextinguible aux indigens, aux vieillards, aux malades , en proscrivant , par tant de Loix Nationales , renouvellées d'âge en âge , l'aliénabilité des fonds donnés à l'Eglise pour cet objet spécial , *ad egentium substantiam* (1), & dont on réussiroit pourtant à vous faire violer les saintes dispositions, si vous n'étiez pas aussi fermes dans la résolution qui vous a été dictée par le souvenir des motifs épurés qui vous l'ont fait prendre.

Que feroit en effet la Liberté , pour les hommes qui n'ont que leurs bras ? sans l'assûrance de trouver dans la droiture & le zéle du Corps Législatif reguliérement formé , & toujours subsistant, une foule de Défenseurs animés par le Patriotisme le plus vrai , par le sentiment le plus vif des Droits de l'Humanité,

---

(1) Capitul. de Karloman , ann. 743.

éclairés par la connoiſſance des faits , & des monumens de l'Hiſtoire , par de profondes réſle-
xions ſur les cauſes prochaines & éloignées des
grandes Révolutions , & guidés par ces vues
Religieuſes, qui , parmi des hommes raiſonna-
bles & juſtes , ſavent toujours ſe concilier le
reſpect & l'obéiſſance du grand nombre ? Que
ſeroit (dis-je) la Liberté pour une auſſi grande
multitude d'infortunés , ſi la vertu des Repréſentans de la Nation , fortifiée par tant & de
ſi puiſſans motifs , n'oppoſoit pas une digue in-
ſurmontable aux entrepriſes que la cupidité
peut ſe permettre avec tant d'artifices , & ſous
tant de formes , toutes plus ſpécieuſes les unes
que les autres , pour envahir leur patrimoine.

Faute de ces ſecours , & dans l'oubli qu'un
Gouvernement entièrement miniſtériel & arbitraire avoit fait d'eux ; les hommes ſans propriété n'avoient-ils pas été juſqu'ici à l'entière
diſcrétion de ce qu'on appelle Capitaliſtes ,
Négocians , Entrepreneurs de culture , Privi-
légiés de toutes les claſſes ? Que ſont-ils de
plus que les machines vivantes de l'Agriculture & du Commerce , que les Riches n'em-
ployent, & ne payent que le moins qu'ils le peuvent ? *Où ces Créanciers de la terre & de la Nature*
trouvent-ils de l'appui , & des reſſources dans
la débilité de l'enfance , dans les ſaiſons fâ-
cheuſes , dans les infirmités , dans leurs mala-

dies, dans les accidens qui furviennent ; enfin dans la caducité de leur précoce , & hâtive vieilleffe , s'il étoit permis d'aller jufques-là ; ne font-ils pas réduits à envier le fort de ceux de nos animaux domeftiques qu'on achéte le plus chèrement ; qui fervent le moins , & auxquels on prend néanmoins un intérêt fi affectueux ?

Sous une Conftitution faine, & véritablèment amie des hommes, s'il y avoit un feul Citoyen utile , incertain de fa fubfiftance , tout l'Empire feroit dans le deuil & dans l'éffroi ; ici , c'eft prefque la maffe entière. Eh ! l'on fe borneroit à des énonciations générales en faveur des Pauvres , ou bien fes Décrets explicatifs ne feroient pas préparés avec cette fage maturité , avec les reffources que les leçons de la pratique peuvent rendre fi intéreffantes ; en un mot on n'apporteroit pas au travail qui doit vous être foumis en conformité du 2e article décrété le 24 Novembre , toute l'application , & la fagacité que la Religion , l'Humanité & les circonftances fur-tout réclament pour lui. N'eft-ce donc pas, comme fi l'on fe bornoit à recrépir le fommet d'une Piramide dont les fondemens ébranlés menaceroient ruine ?

Non , MM. , non, vous ne fouffrirez plus que la perfonne du Pauvre puiffe encore être auffi cruellement délaiffée ; ce feroit fubftituer, comme de gaîté de cœur ; l'Ariftocratie des Riches à toutes celles que vous venez de détruire ; cent mille Adminiftrateurs placés fur tous les points du Royaume , qui ne feroient pas formellement chargés de votre part , de rendre graduellement des comptes de leur geftion à cet égard ; des comptes tels , ou à-peu-près que ceux dont mes vues générales préfentent trois tableaux , qui , par leur uniforme fimplicité , en rendroit l'exécution graduelle , extrêmement facile ; un tel ordre (dis-je) , quelque beau qu'il foit en fpéculation , ne feroit nullement favorable aux hommes fans propriété , qui , quels que foient leurs droits , n'y auroient qu'une exiftence purement paffive , ne paroiffant dans aucune Affemblée , ils feroient à l'entière difcrétion des Affemblées adminiftratives ; s'ils ne font pas efficacement protégés par vous , & en votre nom , MM. , fur tous les points de la furface du Royaume ; c'eft donc une forte de néceffité qu'ils foient opprimés prefque par-tout ; le deftin de l'Empire dépend donc de la fage circonfpection avec laquelle vous faurez éviter ce dernier écueil.

Oui , MM. , d'auffi grands objets , auffi méconnus , & qui pourtant nous touchent d'auffi près , réclament de votre juftice , de votre humanité , de votre amour pour le bien public une attention férieufe, & foutenue ; vous avez déclaré que tous les hommes font égaux en droits ; non pas fans doute de cette égalité de Sauvage qui fuccombe fous la force, & à l'égard de laquelle les inftitutions fociales n'ont au contraire point d'autre but que celui de fupprimer les attentats, pour la fûreté commune de tous & chacun des Membres du Corps politique. Non pas, dis-je, de cette égalité barbare & féroce, qui, fecouant le joug falutaire de toute autorité légitime, brife tous les liens fociaux, fubftitue la plus déplorable Anarchie à cette fainte harmonie, qui fait, de tous les Membres d'un Etat, une grande famille de frères, & les change au contraire en tigres altérés de fang, qui ne refpirent que la deftruction & le carnage ; mais de cette falutaire égalité, l'amie, & la confervatrice des hommes, qui affûre à tous les Citoyens le légitime ufage de fes facultés perfonnelles & relatives fous l'Empire des Loix ; vous aimez, MM., tous les Citoyens utiles qui refpectent l'ordre public comme vos frères ; il ne faut plus qu'accorder la pratique de la Légiflation, avec une auffi fainte théorie, dont le choquant & perfide contrafte n'a que trop long-tems défolé la terre.

Un pareil contrafte, les funeftes effets qu'il a produits dans ce fiécle de lumières, même fur le Peuple le plus humain, le plus civilifé qui ait jamais été ; un pareil contraſte (dis-je) ne ſurprend plus, pour peu qu'on daigne donner attention aux conſéquences infiniment graves qui découlent de l'une des maximes les plus tranchantes de la Politique moderne ; ſelon elle, c'eſt l'argent qui eſt la force & le nerf des Etats ; cela eſt faux, de toute fauſſeté, & c'eſt cependant cette fauſſe maxime qui, depuis deux ſiécles ſur-tout, gouverne & par conſéquent prépare la ruine, non-ſeulement de la France, mais encore de tous les Etats de l'Europe.

Que cette maxime ſoit fauſſe ; c'eſt celle de toutes les aſſertions qu'il eſt le moins poſſible d'infirmer ; car l'argent ne fait rien, ne produit rien, il n'eſt que le ſigne des choſes, & les choſes ne ſont produites que par le travail des hommes, & quand la maſſe entière du numéraire qui circule dans toute l'Europe, ſeroit engloutie dans les plus profonds abymes de la mer, certainement la terre n'en ſeroit pas moins la nourrice des hommes, & les hommes n'en ſeroient pas moins propres à féconder la terre.

Ce n'eſt donc pas l'argent, mais les hommes qui ſont la force & le nerf des Etats.

L'argent eſt utile, en ce qu'il facilite les échanges ; mais il eſt encore plus pernicieux par cet endroit même ; de là en effet le luxe privé, & le luxe public.

Le luxe privé qui, pour de vaines futilités,

abforbe prefque toutes les richeffes de la terre;
& ne laiffe guères de pain à nos malheureux
nourriciers , que celui qu'il ne peut pas leur
arracher; qui dégrade, flétrit l'homme, en deffé-
chant & corrompant à-la-fois fon âme & fon
cœur, au point qu'à quelques momens près
d'une vie qui devroit être entièrement vouée
à l'Humanité & à la Patrie , il ne lui refte
rien d'humain que la forme de fon corps. _

Le luxe public , qui, faifant confifter la gloire
d'une Nation dans le fafte & l'oftentation , éléve
à l'orgueil de la génération préfente des Monumens cimentés du fang des Peuples , dans
l'efpoir trompeur d'en impofer à-la-fois aux
Etrangers , & aux Races futures, ajoute par-là
à l'énergie déjà trop active du luxe particulier,
& dévore ainfi les fortunes privées, & la for-
tune publique.

Le luxe que des Ecrivains inconfidérés ,
féduits ou prévaricateurs , regardent comme
nuifible aux petits Etats, mais néceffaire aux
grands Empires ; comme fi les vertus qui por-
tèrent Rome naiffante à ce haut dégré de
grandeur & de puiffance qui feront toujours
l'étonnement & l'admiration du monde entier ,
n'étoient pas préférables aux vices monftrueux
que le vice fit pulluler dans Rome , devenue
maitreffe du monde , & qui corrompirent &
dévorèrent l'Empire Romain; en un mot comme

s'il n'y avoit point de milieu entre les dilapidations du luxe, & les reſſerremens de l'avarice.

Ce n'eſt pas dans les mains de la frivolité, mais dans celles de l'utilité & de la vertu, que l'argent eſt réellement utile; il eſt toujours pernicieux & très-pernicieux dans celles de la cupidité, ſous quelle que forme, ſous quelle que dénomination qu'elle ſe produiſe, parce qu'il n'eſt point de ſorte de corruption qu'elle ne favoriſe & ne propage; Eh! qui ne ſait pas que la cupidité & la corruption ſont dévorantes & inſatiables?

C'eſt la cupidité qui, l'argent à la main, ſe jouant de la vie des hommes, recéle, accapare ou exporte les ſubſiſtances.

C'eſt à la cupidité, c'eſt aux facilités que lui donne l'argent que nos nourriciers ſont redevables d'être ſi ſouvent ſans pain; que nous ſommes redevables d'avoir été dévorés par nos ancêtres, & d'avoir nous-mêmes dévoré nos neveux par la funeſte reſſource des empruns.

En un mot, (car ici ce n'eſt pas plus le lieu, ou le moment de tout dire, que de ſe taire). C'eſt à l'argent, c'eſt l'abus qu'il eſt ſi aiſé d'en faire, qu'on peut, & qu'on doit rapporer toute notre corruption, tous nos malheurs, & certe, qu'à cet égard, les autres Peuples ſont bien dans le cas de nous plaindre; mais auſſi, s'ils réfléchiffent bien fur les funeftes effets que l'argent à produits chez eux, ils conviendront fans peine que les malheurs qui nous affligent, font les avant-coureurs certains de ceux qui les attendent, fi le funefte fpectacle que nous leur donnons ne leur eft pas une leçon falutaire.

Ainfi donc, loin que l'argent foit la force & le nerf des Etats, on voit, au contraire, qu'excitant la cupidité, fomentant & propageant par elle la corruption, il eft, à proprement parler, le principal agent de la ruine, & de la deftruction de tous les Peuples.

Au lieu que c'eft bien réellement fur les travaux des dernières claffes du Peuple, que porte la Société toute entière ; cela eft certain & indubitable.

Il eft de même certain & indubitable que ces hommes laborieux & utiles ont toujours été facrifiés à l'argent & à prefque tout le refte.

L'Agriculture & le Commerce font de grands mots, mais ne font que des abftractions ; fuppofons néanmoins que ce font des réalités, & foit dit, fans pouvoir flétrir les perfonnes refpectables, qui, dans toutes les claffes, font d'honorables exceptions à la voracité générale.

Il eft certain que l'Agriculture financière précifément celle dont les défunts Economiftes ont le plus vanté les prétendus avantages, je

veux dire celle qui suppose les grandes ex-
ploitations, par conséquent les grandes avances
d'argent, & qui n'est, à proprement parler,
que l'acaparement des terres dans le plus petit
nombre de mains possibles, & par conséquent
encore l'oppression manifeste & visible des
vrais Agriculteurs; il est certain (dis-je) qu'un
pareil genre d'Agriculture, si hautement pré-
conisée par des hommes beaucoup plus amis
des riches, que des pauvres, ou plutôt également ennemis des uns & des autres, qu'une
pareille Agriculture encore une fois consume
& dévore visiblement les hommes & l'Empire.

Il est certain que le Commerce ne respire
que pour l'or; que la soif de l'or en est l'âme
& la vie, & qu'il ne se soucie guères des
hommes, qu'autant qu'ils peuvent lui servir à
cette fin. Voulez vous une preuve de cette irré-
cusable vérité? Interrogez ce Négociant qui
vient d'apprendre la perte d'un vaisseau nau-
fragé, ou plutôt saisissez, au passage du premier
mouvement qui lui échappera, la vraie cause
de ses plus sincères regrets, & si par le
plus grand des hasards, ils tombent plutôt sur
la perte de l'équipage, que sur celle du Navire
& de sa cargaison, félicitez-vous alors d'avoir
si heureusement rencontré; je ne vous dis
pas de le regarder comme le seul homme de
sa classe, chez qui l'amour des hommes l'em-

porte fur l'amour du gain ; mais tenez vous pour affûré que ceux qui lui reffemblent n'y font pas les plus nombreux ; car l'intérêt cupide eft l'âme du Commerce ; or il n'eft pas de l'effence des chofes qu'un mobile auffi vil, puiffe en général produire de bons effets.

Cependant entendez les converfations ; ouvrez vos livres, lifez vos papiers publics, & voyez fi tout n'y concourt pas à préconifer le Commerce. Auffi la concurrence extravagante & illimitée qui réfulte de cet engoûment général, s'eft-elle emparée, non-feulement de la France, mais de l'Europe entière. Les Cabinets des Souverains ne font-ils pas à-peu-près réduits à n'être que de fimples comptoirs de négoce ? qu'en voit-on fortir, finon traités & guerres de Commerce ? Que font aujourd'hui les Potentats, finon des Commerçans couronnés ? quand l'expérience de tous les fiécles ne nous auroit pas fuffifamment éclairés fur les perfides effets d'une auffi funefte manie, notre fituation & celle de tous les Peuples de l'Europe ne doit-elle donc pas nous déffiller enfin les yeux fur le déplorable aveuglement où il nous a fi cruellement plongés, en enfanglantant à-la-fois les deux Mondes & toutes les Mers. Ofons efpérer que la Monarchie Françoife donnera, à cet égard, au monde entier un grand exemple de fageffe, de modé-

ration, de juſtice, d'humanité & du ſeul patrio-
tiſme qui ſoit digne d'elle. Ce n'eſt pas ſeule-
ment en changeant les Loix, mais en ſubſti-
tuant dans tous les eſprits & dans tous les
cœurs, les lumières pures de la droite & ſaine
raiſon, qu'on peut ſe promettre de régénérer
à-la-fois l'Empire François, & tous les Peuples
qui n'avoient guères juſqu'ici eu avec lui que
des liaiſons de corruption & d'iniquité.

Car il eſt certain que le réſultat néceſſaire
du plus haut dégré de proſpérité, où puiſſent
atteindre l'Agriculture & le Commerce, ces
deux enfans gâtés de la cupidité générale,
c'eſt le choquant & ſcandaleux contraſte d'un
nombre plus ou moins grand de grandes fortunes particulières avec la miſère publique ; &
c'eſt ainſi que ſe prépare, s'accélère & ſe
conſomme la diſſolution des Empires.

Je crois avoir ſolidement établi que ce n'eſt
ni l'argent ni les vaines abſtractions, ſous le
nom deſquelles on en abuſe, qui peuvent con-
ſerver ou régénérer l'Etat. Rien de tout cela
n'eſt ni ne peut être l'Etat ; ce ne ſont pas les
choſes, ou beaucoup moins encore les ſignes
des choſes, mais les hommes qui conſtituent
les Empires ; ce n'eſt donc ni pour les choſes
ni pour les ſignes qui les repréſentent, mais
pour les hommes qu'ils doivent être conſtitués ;
en un mot c'eſt aux hommes, comme cèntre

commun, que doivent fe rapporter toutes les opérations de la Politique. Au refte le riche peut encore moins fe paffer des bras du pauvre, que le pauvre de l'argent du riche; ainfi donc leurs intérêts font communs & inféparables, & il eft d'ailleurs vifible que ce n'eft que par le bon emploi des forces & de l'argent qu'on peut efpérer de régénérer l'Etat; que, par conféquent, il n'y a plus que les facrifices de la vertu qui puiffent encore fauver la France.

Mais auffi l'Agriculture, le Commerce & l'argent, rendus à une deftination plus pure, peuvent encore redevenir de folides bienfaits pour l'Humanité & pour la Patrie; c'eft là qu'il faut tendre.

Juftice & modération de la part des riches; travail & foumiffion de la part des pauvres; il faut cela, il ne faut rien moins; ce n'eft pourtant pas d'une perfection imaginaire qu'il eft queftion, mais de toute celle que la Nature Humaine, & la fituation des chofes peuvent comporter, il faut fur-tout ne plus facrifier, comme de gaîté de cœur, la fin aux moyens.

Or tel eft l'objet de la demande que j'ai l'honneur de vous faire de la formation d'un Comité dans l'Affemblée, pour appliquer d'une manière fpéciale à la protection & à la confervation de la claffe non-propriétaire, les grands principes de justice que vous avez décrétés, MM., dans la Déclaration des Droits de l'Homme, & dans la Constitution.

L'Homme en soi, l'Homme social, le François qui n'a que ses bras pour subsister ; sa sûreté, sa régénération, son bien être seroit l'unique objet des travaux de ce Comité ; il n'en est point sans doute de plus digne de votre zéle & de vos soins.

Il ne faut point le céler, MM. ; ce seroit tout perdre que d'omettre cet article principal dans le nouvel ordre que vous substituez à l'ancien ; il ne restera plus que deux classes d'hommes, les propriétaires & les non-propriétaires; ou mieux encore les riches & les pauvres. Les premiers pourront & feront tout ce qu'il leur plaira ; les pauvres seront entièrement passifs ; il faut donc, ou que ceux-ci soient mis d'une manière spéciale & toute particulière, sous la sauve-garde & la protection publique, ou qu'ils soient plus opprimés que jamais. N'envisageons pas ici les conséquences graves qui en résulteroient ; aussi-bien tant par principes que par caractères, encore plus que par nécessité. Vous allez vous décider à les prévenir efficacement, & vous voudrez certainement le faire avec toute la maturité & l'extension que la Religion, l'Humanité, la Patrie réclament de votre part pour cette cause intéressante.

Il eſt d'ailleurs certain que les Aſſemblées Adminiſtratives auront graduellement beſoin qu'une ſalutaire uniformité de vues & de principes, éclaire & dirige chacun de leurs pas dans une matière auſſi neuve pour elles; où elles ſeront d'ailleurs traverſées de tant d'autres ſoins; il faudra donc leur tracer la marche qu'elles auront à ſuivre; par-là, MM., vous aurez ſimplifié, facilité celle de toutes vos opérations, au ſuccès deſquelles vous prenez l'intérêt le plus tendre, & il leur ſera infiniment plus aiſé enſuite de concourir par les obſervations que leur aura ſuggérées la pratique à la perfection d'une œuvre auſſi ſainte. Par là elles ne ſeront du moins pas, à beaucoup près, auſſi expoſées à des mépriſes d'autant plus cruelles, qu'elles ſeroient plus multipliées, moins apperçues, & par conſéquent infiniment plus difficiles à réparer.

Or c'eſt à la préparation du travail qui vous ſeroit ſoumis par le Comité, que j'ai l'honneur de vous demander que les connoiſſances pratiques des Citoyens que j'ai celui de vous indiquer, pourroient être utiles.

La ſimple annonce de la formation de ce Comité, raſſûreroit le Pauvre, apprendroit à la France, & à toute l'Europe, que vous ne faites exception de perſonne. Cette diſpoſition, bienfaiſante & juſte, apprendroit aux Riches

&

& aux Pauvres que c'est sur la miséricorde & la justice, que vous voulez exclusivement faire porter le vaste & durable Monument de la Régénération publique ; elle apprendroit à tous les Citoyens indistinctement à imiter l'honorable énergie dont vous leur auriez donné l'immortel exemple ; la défiance, l'esprit funeste de sédition & de révolte n'auroient plus de prétextes tant soit peu plausibles. Le calme, la sécurité, la douce paix se substitueroient à leur place ; on dit de la France qu'elle doit être considérée comme une grande Famille de Frères. Autant que les choses humaines le comportent, ce ne seroit plus là une expression stérile & vaine ; elle auroit toute la réalité qu'on peut lui supposer dans l'ordre social ; & vous aurez imprimé par-là, à vos immortels travaux, le plus auguste & le plus saint des caractères.

Je l'affirme ici, sans crainte d'en être démenti par l'événement, MM., la Régénération de l'Etat est dans le parti que je propose ; de l'autre est sa ruine ; l'une ou l'autre sont inévitables, & nous sommes entre la vie & la mort ; mais aussi cette cruelle alternative a du moins l'avantage de ne laisser à qui que ce soit, l'espoir de survivre à la ruine de la Patrie ; par conséquent elle commande impérieusement à tous & à chacun des Citoyens, tous les sacrifices que leur intérêt individuelle , étroitement liée au salut public ; pourra rendre nécessaire ; & , comme nul ne veut cruellement périr sous les ruines de l'Etat, il y a tout lieu d'espérer que les sévères leçons de l'adversité , cette bonne quoique dure maîtresse , ne seront pas moins utiles & salutaires à chacun des individus de ce vaste Empire , qu'à l'Empire lui-même.

La bonté , la justice du Roi auront-elles été pour nous le plus beau présent du Ciel, ou le plus terrible instrument de ses vengeances ? C'est un problème dont nous ne pouvons pas être long-tems sans avoir la consolante ou l'effroyable solution , & il faudroit , certes , avoir l'âme prodigieusement étroite , pour n'avoir d'espérance ou de crainte que pour les siens ou pour soi , dans des momens aussi décisifs.

Je suis , avec un très-profond respect ,

MESSIEURS,

Votre très-humble & très-obéissant serviteur,

LAMBERT,

Inspecteur des Apprentis des différentes Maisons de l'Hôpital-Général, rue Copeau , vis-à-vis de la rue de la Clef.

A Paris le 10 Janvier 1799.

COPIE d'une Lettre écrite par M. Fréteau, ex-Président de l'Assemblée Nationale, à M. Jacquinot, Président du District de S.-Etienne-du-Mont.

L'ACCORD parfait, Monsieur, que je trouve entre les vues d'un des plus respectables Membres de votre District, M. Boncerf, & celles de M. Lambert, porteur de cette lettre, & la connoissance du zèle, qui vous anime pour le bien & le soulagement des pauvres, m'engagent à vous recommander ce dernier. Il est uniquement dévoué à la défense de leur cause. Il y met une chaleur que la Religion & un fond immense d'Humanité, peuvent seuls inspirer. Je suis témoin de la peine qu'il a prise pour répandre & faire goûter ses idées dans un moment où des intérêts puissans mais d'un genre tout divers, remplissoient les heures de nos Séances. M. Lambert, Monsieur, souhaiteroit que M. le Maire & la Commune de Paris, excités par les vœux & par une démarche formelle de votre District, provoquassent l'attention de l'Assemblée Nationale sur cet objet important. Si la circonstance de l'hiver, les craintes dont on a été justement agité, le danger de voir compromis

par les efforts des Capitalistes, l'antique patrimoine des Pauvres, enfin l'oportunité du
moment de la première réunion de la Nation,
si tout cela ne prépare pas le succès des démarches d'un corps aussi imposant que la
Commune de Paris, la chose est peut-être
manquée, ou au moins reculée pour long-temps.
Dans le cas contraire, le poids d'un si grand
service rendu au Royaume par les Représentans
de la Capitale, les élève infiniment dans l'o-
pinion, consacre leurs généreux efforts pour
la Liberté, rend leur droits plus inviolables &
plus recommandables, à l'instant où l'établis-
sement de la Municipalité va les asseoir & les
circonscrire. Je prends la liberté Monsieur, de
vous engager à réfléchir sur cette idée ; les con-
clusions de M. Lambert, sont si simples & si
naturelles ; *» demander la formation d'un Comité*
» dans l'Assemblée, pour appliquer d'une manière
» spéciale, à la protection & à la conservation de
» la classe non propriétaire, les grands principes
» de Justice, tracés par les Législateurs de la France
» dans la Déclaration des Droits de l'Homme &
» dans la Constitution ».

L'esprit de M. le Maire, l'attention de plusieurs Membres de l'Assemblée, ont été déjà
frappées de plusieurs considérations de ce genre.
Je les soumets à votre sagesse, à la mesure
& à la prudence dont vous êtes doué, & vous

les recommande , ainſi qu'à votre reſpectable
Diſtrict , qui poſſéde , en la perſonne de M. Lambert , un Citoyen d'une grande conſidération ;
il a voulu rendre anx Membres de ſon Diſtrict
un hommage digne d'eux ; je l'aï fort approuvé
dans cette vue , & c'eſt à ſa prière que j'unis
la mienne, en vous engageant à faire prendre
le plus tôt poſſible , & avec une grande circonſ-
pection & maturité cet article eſſentiel , en
conſidération très-prochaine.

Je ſuis, Monſieur , avec les ſentimens les
plus empreſſés ,

Votre très-humble & très-
obéiſſant Serviteur ,

Signé , FRÉTEAU , ex-Préſident
de l'Aſſemblée Nationale.

Paris , ce 27 Novembre 1789.

C 3

COPIE de la Réponse de M. le Président du District de S.-Etienne-du-Mont, à la lettre de M. Freteau.

MONSIEUR,

L'INTÉRÊT puissant que votre recommandation a ajouté à la demande de M. Lambert, a déterminé le District de S.-Etienne-du-Mont à prendre sans délai en considération, son *Mémoire* en faveur des Pauvres. L'Assemblée générale du District a rendu un hommage solemnel à la vérité des principes, & à la pureté des intentions de M. Lambert, par l'Arrêté dont j'ai l'honneur de vous envoyer copie. Comment seroit-il possible en effet de ne pas y applaudir ? Le spectacle d'une multitude innombrable d'hommes qui gémissent dans l'indigence, au milieu du Royaume le plus fertile & le plus riche de l'univers, est si extraordinaire, & si attendrissant, le désir de les soulager est si naturel ; il est si conforme aux devoirs les plus sacrés de la Religion, que l'indifférence en pareil cas, seroit un véritable crime ; il est heureux que les Pauvres ayent trouvé dans la personne de M. Lambert, un défenseur aussi zélé ; mais il n'est pas moins consolant de voir qu'ils ont en vous, Monfieur, un protecteur difpofé à foutenir leurs droits dans l'augufte Affemblée des Repréfentans de la Nation. Voilà fans doute le gage le plus certain du fuccès d'une demande qu'il fuffira peut-être de préfenter pour la faire accueillir.

A l'égard de M. Lambert, c'eft un Citoyen auffi recommandable par fes vertus, que par l'objet de fes travaux. La réfignation héroïque avec laquelle il fupporte la rigueur de fa pofition, eft digne des plus grands éloges; il eft impoffible de voir fans une fenfibilité mêlée d'admiration, fa nombreufe famille qui paroît ne fubfifter que par les fecours de la Providence. Le Diftrict me charge, Monfieur, de vous remercier de l'intérêt particulier que vous prenez à fa perfonne, & de la manière obligeante dont vous vous êtes exprimé, en parlant d'un autre Citoyen qu'il s'honore de compter parmi fes Membres, pour lequel il a également la plus haute eftime, M. Bonœrf.

Vous verrez, Monfieur, que le Diftrict, par fon Arrêté, demande à l'Affemblée des Repréfentans de la Commune, qu'elle faffe imprimer l'*Adreffe* de M. Lambert. Il n'auroit pas balancé à la faire imprimer à fes frais, fi les dépenfes confidérables qu'il a faites, depuis le commencement de la Révolution, pour le maintien de la liberté, de la fûreté & de la tranquillité publique, ne l'obligeoient à la plus sévère économie. Mais, dans le cas où les Repréſenrans de la Commune ne feroient pas faire cette impreſſion, le Diſtrict me charge de vous prier de demander à l'Aſſemblée Nationale, qu'elle veuille bien ordonner qu'elle ſoit faite par ſon Imprimeur , le Diſtrict regardera cette faveur comme un bienfait perſonnel, dont il aura la plus vive reconnoiſſance.

J'ai l'honneur d'être, avec un profond reſpect,

MONSIEUR,

> Votre très-humble & très-obéiſſant Serviteur,
> *Signé*, JACQUINOT.

Ce 2 *Décembre* 1789.

DISTRICT DE S.-ETIENNE-DU-MONT.

EXTRAIT du Procès-verbal de l'Assemblée générale des Citoyens de la Commune de Paris au District de S.-Etienne-du-Mont.

Du Vendredi 17 Novembre 1789.

M. le Président a fait lecture 1° d'un Mémoire en forme d'Adresse à l'Assemblée Nationale, fait par M. Lambert, Inspecteur des Apprentis des différentes Maisons de l'Hôpital général de Paris, & Membre de ce District, par lequel il propose de demander à l'Assemblée Nationale, *la formation d'un Comité dans son sein, qui auroit pour objet d'appliquer d'une manière spéciale à la protection & à la conservation de la Classe des Citoyens non Propriétaires, les grands principes de Justice tracés par les Législateurs de la France, dans la Déclaration des Droits de l'Homme, & dans la Constitution.* 2° D'une Lettre écrite à ce sujet par M. Fréteau, ex-Président de l'Assemblée Nationale, à M. Jacquinot, Président du District.

L'Assemblée a écouté la lecture de ce *Mémoire* avec toute l'attention qu'excitent de grandes vérités exprimées d'une manière aussi simple qu'énergique, & avec tout l'intérêt que peuvent infpirer les objets les plus touchans, & qui tiennent de plus près au bonheur de l'Homme en fociété ; elle y a reconnu, avec autant de plaifir que d'attendriffement, les mêmes fentimens de Patriotifme, de Religion & d'Humanité, que l'Auteur du *Mémoire* a développés dans fon *Précis de vues générales en faveur de ceux qui n'ont rien ;* dans fon *Cahier des Pauvres ;* dans fa *Supplique au Roi & aux Etats-Généraux ;* & dans fon *Adreffe à l'Affemblée Nationale, pour fauver le Droit du Pauvre ;* confidérant, en outre, que les vœux de M. Lambert font ceux d'un homme vertueux & d'un bon Citoyen ; que l'approbation fi flatteufe qu'ils ont déjà reçue de la part d'un des Membres les plus refpectables de l'Affemblée Nationale, eft un gage de celle de tous les Repréfentans de la Nation ; qu'ils font des conféquences naturelles des principes d'équité déjà reconnus folemnellement par la Déclaration des Droits de l'Homme, & par les Décrets portés fur la Conftitution ; que la Claffe non-Propriétaire & indigente eft la plus nombreufe de la Nation ; qu'elle femble avoir des droits plus particuliers à profiter du fuccès d'une Révolution qui n'a été entreprife que pour la tirer de l'efclavage & de la mifère ; que cependant elle fe verroit expofée à gémir éternellement dans l'état de pauvreté & d'oppreffion où elle eſt plongée, ſi l'auguſte Aſſemblée dont les travaux ont pour objet de régénérer la France, ne s'occupoit ſpécialement des moyens d'améliorer le ſort de cette partie de la Nation, qui a le plus ſouffert du Deſpotiſme & de l'ariſtocratie ; que le moment le plus favorable pour cette opération, paroît être celui où la Nation vient de rentrer en poſſeſſion de l'antique patrimoine des Pauvres ; qu'enfin le maintien de la tranquillité publique, dépend eſſentiellement des vues propoſées par M. Lambert, & qu'*il ne peut y avoir*, comme il la très-bien dit, *de ſûreté pour l'Etat ni pour les Particuliers, dans un malheureux ordre de choſes qui n'eſt, a proprement parler, qu'une grande pépinière de Pauvres & de Mendians,*

A arrêté que le *Mémoire* de M. Lambert, ſera remis à l'Aſſemblée des Repréſentans de la Commune, par des Commiſſaires qui ſeront chargés de l'inviter à le prendre inceſſamment en conſidération, & de la prier de l'appuyer de ſon ſuffrage auprès de l'Aſſemblée Nationale ; &, afin d'aſſûrer le ſuccès de la démarche qu'elle aura faite de la prier de faire imprimer ce *Mémoire* en nombre ſuffiſant, pour lui donner la plus grande publicité, & elle a député à cet effet MM. *Jacquinot*, Préſident ; *Durouzeau*, Vice-Préſident ; & *MM. Boncerf, Saillant &* *Lambert.*

L'Affemblée défirant, en outre, donner à M. Lambert, au nom de la Patrie, de l'Humanité & de la Religion, une foible marque de la reconnoiffance due au zèle conftant avec lequel ce Citoyen eftimable, Père d'une famille nombreufe qui n'attend fa fubfiftance que de fon travail, s'eft dévoué depuis long-temps à défendre les droits des Pauvres, & un témoignage de l'admiration que mérite la générofité héroique, avec laquelle il a facrifié à la défenfe d'une fi belle caufe fes intérêts les plus chers, elle l'a difpenfé formellement de tout fervice Militaire, déclarant qu'elle n'entend lui accorder cette exemption que comme un titre d'honneur.

Fait & arrêté en l'Affemblée générale du Diftrict de S.-Etienne-du-Mont, le vendredi vingt-fept Novembre mil fept-cent quatre-vingt-neuf.

Signé, *Jacquinot*, Préfident; *Lefèvre*, Secrétaire Général.

DISTRICT DE S.-ETIENNE-DU-MONT.

Extrait des Registres des Délibérations du District de S.-Etienne-du-Mont.

Du 15 Janvier 1790.

M. DU ROUZEAU, Président.

MONSIEUR LAMBERT, Citoyen du District, a rendu compte à l'Assemblée, de l'état actuel du Projet porté au *Mémoire* qui lui a mérité de si justes applaudissemens, lorsqu'il en a fait lecture à l'Assemblée du 27 Novembre dernier; l'approbation générale que lui a donnée l'Assemblée de la Commune, lorsqu'il y a été porté par des Députés de ce District, & l'accueil honorable qu'il a reçu à l'Assemblée-Nationale, lorsqu'un de ses Membres lui en a rendu compte, ne laisse rien à désirer sur l'utilité & les grands avantages que doivent produire les projets que renferme ce *Mémoire*; &, pour en procurer plus promptement les effets qu'on a lieu d'en attendre, l'Assemblée a arrêté à l'unanimité, que les mêmes Députés qui, par la Délibération du 27 Novembre dernier, ont été chargés de porter ce Mémoire à l'Assemblée de la Commune, se transporteront de nouveau à la même Assemblée, pour l'engager à faire faire l'impression dudit *Mémoire*, jusqu'à concurrence de trois mille exemplaires, à l'effet d'en faire faire la distribution, tant aux Membres de l'Assemblée-Nationale, qu'à ceux des Représentans de la Commune.

Pour Expédition conforme à la Minute, délivrée par nous Secrétaire général soussigné.

Signé, VOISIN.

ASSEMBLÉE

DES REPRÉSENTANS

DE LA COMMUNE DE PARIS.

Extrait du Procès-verbal

Du 19 Janvier 1790.

M. BAYARD, Député du Diſtrict de S.-Etienne-du-Mont, a donné connoiſſance d'une Délibération du 15 du préſent mois, par laquelle ce Diſtrict invite l'Aſſemblée à ordonner l'impreſſion d'un *Mémoire* de M. *Lambert*. Cet eſtimable Citoyen, ayant obtenu la parole, a développé, avec l'accent de la plus vive ſenſibilité, les motifs qui doivent porter à ordonner cette impreſſion.

Sur quoi l'Aſſemblée, informée que le *Mémoire* dont il s'agit, tend au ſoulagement de la Claſſe indigente des Citoyens de cette Capitale & de tout le Royaume; conſidérant que s'il eſt des raiſons qui permettent de s'écarter des régles d'économie que l'Aſſemblée s'eſt preſcrite, relativement aux frais d'impreſſion, les motifs préſentés par MM. Bayard & Lambert, ſont de nature à déterminer une exception,

A arrêté que le *Mémoire* de M. *Lambert*, & les Arrêtés du Diſtrict de S.-Etienne-du-Mont ſeront imprimés aux frais de la Commune, au nombre de deux mille exemplaires.

Pour Extrait conforme à l'Original.

Signé, MULOT, *Préſident* ; CHANLAIRE, *Secrétaire*.

Beatus qui intelligit ſuper egenum & Pauperem ; in die malâ, liberabit eum Dominus. Pſ. XL. 1.

De l'Imprimerie de LOTTIN *l'aîné* & LOTTIN *de S.-Germain*, Imprimeurs-Libraires Ordinaires de la VILLE, rue S.-André-des-Arcs, N° 27.